Many words end in **it**.
Read the hints.
Spell the **it** words.

1. You do it in a chair.   ___ i t

2. Do your clothes _____ you?   ___ i t

3. Just a little is a _____.   ___ i t

4. I will _____ the baseball.   ___ i t

Read each riddle.
Spell the answer.

I rhyme with **wig**.
I live on a farm.

I am a _____.

I rhyme with **tin**.
I am very sharp.

I am a _____.

I rhyme with **did**.
I fit on a pot.

I am a _____.

I rhyme with **dip**.
You kiss with me.

I am a _____.

Many words end in **it**.
Use the letters in the box plus **it** to spell six words.

f   s   b   h   k   p

_____   _____

_____   _____

_____   _____

Many words end in **ill**.
Read the hints.
Spell the **ill** words.

1. Jack and Jill went up it.   __ i l l

2. A doctor can give you a ____.   __ i l l

3. _____ you come with me?   __ i l l

4. Please _____ my glass.   __ i l l

Spell the words.

d r + o p = _____

d r + i p = _____

s t + i l l = _____

s t + a l l = _____

Spell the words.

g r + i l l = _____

d r + i l l = _____

g r + i p = _____

t r + i p = _____

9

Change one letter to make new words.

cap _____

_____

_____

bill _____

_____

_____

Spell new words by adding the ending from the box.

a p      **o p**

c l + ___ = _____   c r + ___ = _____

t r + ___ = _____   d r + ___ = _____

f l + ___ = _____   f l + ___ = _____

Change the last letter to make new words.

bug _____

_____

_____

man _____

_____

_____

Spell new words by adding a letter from the box.

| t | d | g | b | p |

b i + _d_ = _bid_   d i + __ = _____

b i + __ = _____   d i + __ = _____

b i + __ = _____   d i + __ = _____

Use the letters to spell four words.

f x s i b o a

_____   _____

6

_____   _____

Make the words in each box **rhyme**.
Read the hints.
Then spell each three-letter word.

It comes after five.   ___ ___ ___

Please _____ my toy.   ___ ___ ___

It makes a car shine.   ___ ___ ___

We call Maxine _____.   ___ ___ ___

Look at the picture story.
Spell four **rhyming words** to finish the story.

The very _____ _____

who likes to _____

wears a _____.

Read each sentence.
Draw a box around each word that is spelled with **ig**.

1. See the pig.

2. It is big.

3. The big pig digs.

4. See the wig.

5. The pig has a wig.

02812

Look at the picture story.
Spell four **rhyming words** to finish the story.

  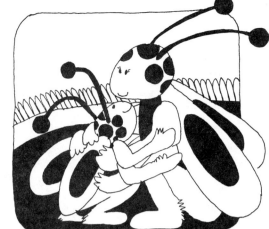

A _____ sat on a _____.

It drank milk from a _____.

Then the bug gave its mom a _____.

Read each sentence.
Draw a box around each word that is spelled with **ug**.

1. See the bug.

2. See the rug.

3. The bug has a mug.

4. The bug likes to hug.

5. It gives its mom a hug.

Spell the words.

p l + **u m p** = _____

s t + **u m p** = _____

g r + **u m p** = _____

c l + **u m p** = _____

Many words end in **ump**.
Read the hints.
Spell the **ump** words.

1. To hop is to _____.   __ __ __ __

2. I went to the garbage _____.   __ __ __ __

3. Do not _____ your head.   __ __ __ __

4. That camel has one _____.   __ __ __ __

15

Spell the words.

c r + a m p = _____

s t + a m p = _____

c h + a m p = _____

t r + a m p = _____

Read each riddle.
Spell the answer.

I rhyme with **stamp**.
I have tents and sleeping bags.

I am a _____.

I rhyme with **cramp**.
Cars go up me.

I am a _____.

I rhyme with **champ**.
I give you light.

I am a _____.

I rhyme with **tramp**.
I am a bit wet.

I am _____.

Many words end in **est**.
Use the letters in the box plus **est** to spell six words.

b   r   n   v   t   w

_____   _____

_____   _____

_____   _____

Many words end in **ast**.
Read the hints.
Spell the **ast** words.

1. This means "not slow."   __ a s t

2. It goes on a broken leg or arm.   __ a s t

3. I was not first, but _____.   l __ __ __

4. See the rocket _____ off!   b l __ __ __

Some words end in **and** and some end in **end**.
Look at the words. Then write each word in the correct place.

| bend | lend | band | send | land | hand |

and words   **end** words

_____   _____

_____   _____

_____   _____

Spell the words.

s p + e n d = _____

b l + e n d = _____

s t + a n d = _____

g r + a n d = _____

Spell new words by adding the ending from the box.

o l d

c + _____ = _____

f + _____ = _____

t + _____ = _____

e n t

w + _____ = _____

d + _____ = _____

s p + _____ = _____

Read each riddle.
Spell the answer.

I rhyme with **gold**.
I am what ice is.

I am _____.

I rhyme with **went**.
I am crooked.

I am _____.

I rhyme with **dent**.
I am like a soft house.

I am a _____.

I rhyme with **told**.
I am what you do to a baby.

I am _____.

Look at the picture story.
Spell four **rhyming words** to finish the story.

A _____ on a _____.

who liked to _____.

lost his_____.

Read each sentence.
Draw a box around each word that is spelled with **ing**.

1. See the king.

2. The king sits.

3. He sits on a swing.

4. The king likes to sing.

5. The king lost his ring.

Some words end in **ang** and some end in **ank**.
Look at the words. Then write each word in the correct place.

bank   sang   bang   sank   tank   rang

ang words   **ank** words

_____   _____

_____   _____

_____   _____

Spell new words by adding the ending from the box.

o n g

l + _____ = _____

s + _____ = _____

s t r + _____ = _____

u n g

s + _____ = _____

l + _____ = _____

h + _____ = _____

21

Spell the words to see the difference a letter makes.

___ a c k   ___ a c k

___ o c k   ___ o c k

Some words end in **ack** and some end in **ock**.
Choose a correct ending.
Spell the words.

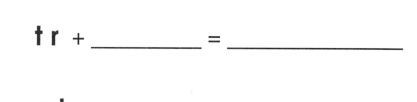

t r + _____ = _____

c l + _____ = _____

b l + _____ = _____

c r + _____ = _____

Spell the words.

t r + i c k = _____

b r + i c k = _____

s t + u c k = _____

t r + u c k = _____

Some words end in **ick** and some end in **uck**.
Read the hints.
Spell the words.

1. This bird likes to swim.   ___ **u c k**

2. You do it to ice cream.   ___ **i c k**

3. You do it through a straw.   ___ ___ ___ ___

4. I don't feel well. I am _____.   ___ ___ ___ ___

Many words begin with **sh**.
Read the hints.
Spell the **sh** words.

1. This is a big boat.   s h ___ ___

2. A doctor gives you this.   s h ___ ___

3. This means "to buy things." s h ___ ___

4. This means "to close."   s h ___ ___

Read each riddle.
Spell the answer.

I rhyme with **sleep**.
I am a farm animal.

I am a _____.

I rhyme with **skirt**.
I have sleeves.

I am a _____.

I rhyme with **bell**.
You find me by the sea.

I am a _____.

I rhyme with **bark**.
I am a big, hungry fish.

I am a _____.

Many words begin with **ch**.
Read the hints.
Spell the **ch** words.

1. It is at the end of your face.   c h ___ ___

2. You _____ wood with an ax.   c h ___ ___

3. The winner is the _____.   c h ___ ___ ___

4. An ape thumps its _____.   c h ___ ___ ___

Read each riddle.
Spell the answer.

I rhyme with **fill**.
I am very cold.

I am a _____.

I rhyme with **talk**.
You use me on a blackboard.

I am _____.

I rhyme with **blimp**.
I am a kind of monkey.

I am a _____.

I rhyme with **wild**.
I am a boy or girl.

I am a _____.

Circle the three letter words.
There are 22 of them. How many can you find?

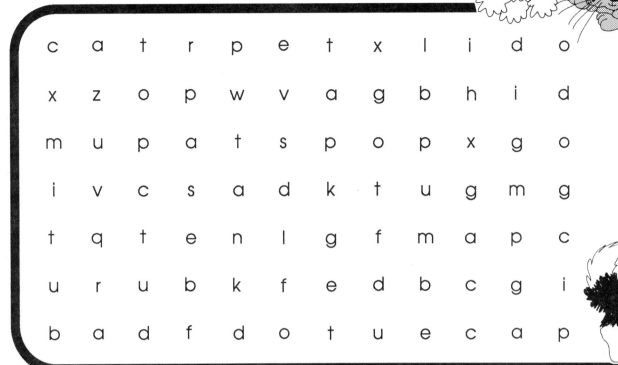

c	a	t	r	p	e	t	x	l	i	d	o
x	z	o	p	w	v	a	g	b	h	i	d
m	u	p	a	t	s	p	o	p	x	g	o
i	v	c	s	a	d	k	t	u	g	m	g
t	q	t	e	n	l	g	f	m	a	p	c
u	r	u	b	k	f	e	d	b	c	g	i
b	a	d	f	d	o	t	u	e	c	a	p

Spell some three letter words.

b ___ ___   ___ ___ g

c ___ ___   ___ ___ d

d ___ ___   ___ ___ t

Change one letter to make each new word.
The first word is **net**.

1. You can catch a butterfly in it.   <u>n</u> <u>e</u> <u>t</u>

2. It did _____ taste good.   __ __ <u>t</u>

3. You cook food in it.   <u>p</u> __ __

4. It's an animal you keep.   __ __ <u>t</u>

5. You write with this.   __ <u>e</u> __

6. It's the number after nine.   <u>t</u> __ __

Change one letter to make each new word.
The first word is **bag**.

1. It's a sack to carry things in.   __ __ <u>g</u>

2. You play baseball with it.   __ <u>a</u> __

3. It means "not thin."   __ __ <u>t</u>

4. Your clothes should ____ you.   <u>f</u> __ __

5. You do it to a baseball.   __ <u>i</u> __

6. You wear it on your head.   __ __ <u>t</u>

Circle the four letter words. How many of the 17 can you find?

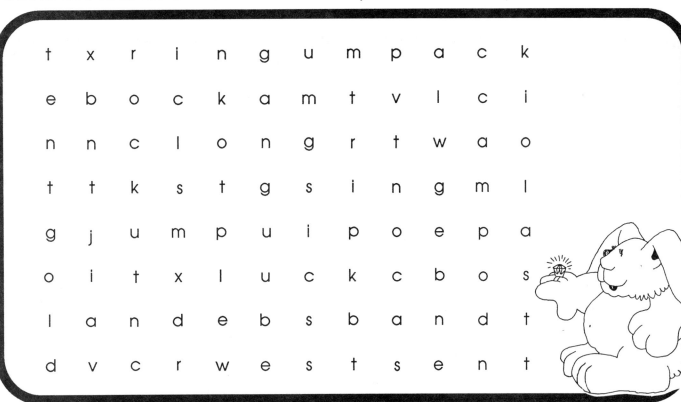

```
t  x  r  i  n  g  u  m  p  a  c  k
e  b  o  c  k  a  m  t  v  l  c  i
n  n  c  l  o  n  g  r  t  w  a  o
t  t  k  s  t  g  s  i  n  g  m  l
g  j  u  m  p  u  i  p  o  e  p  a
o  i  t  x  l  u  c  k  c  b  o  s
l  a  n  d  e  b  s  b  a  n  d  t
d  v  c  r  w  e  s  t  s  e  n  t
```

Spell some four letter words.

___ ill   ___ end

___ ___ op   ___ ast

___ ump   ___ ___ ip

Change one letter to make each new word.
The first word is **tent**.

1. A _____ is a soft house.   _ _ _ **t**

2. The teacher gave us a _____.   _ _ **s** _

3. Some people think a bug is a _____.   **p** _ _ _

4. Long ago is the _____.   _ **a** _ _

5. I was not first. I was _____.   _ _ **s** _

6. Where am I? I am _____.   **l** _ _ _

Change one letter to make each new word.
The first word is **chop**.

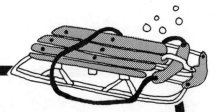

1. Mom will _____ the carrots with a knife.   _ **h** _ _

2. I love chocolate _____ cookies!   _ _ _ **p**

3. This is a big boat.   _ _ **i** _

4. Do not _____ and fall on the ice.   _ _ _ **p**

5. He _____ down the snowy hill.   _ **l** _ _

6. She slid down the hill on her _____.   _ _ _ **d**

Spell five different words.
Add only one letter each time.

1. The first letter of the alphabet.   —

2. I ate _____ apple.   **a** __

3. Mack _____ I walked home.   __ **n** __

4. You play in this at the beach.   __ __ __ **d**

5. I will not sit. I will _____ up.   __ **t** __ __ __

Spell five different words.
Add only one letter each time.

1. _____ love ice cream.   —

2. Put the penny _____ the bank.   **i** __

3. A pen is filled with _____.   __ **n** __

4. Put your dishes in the _____.   __ __ __ **k**

5. Does a skunk _____?   __ **t** __ __ __

Answer Key

Page 1
TOP
bat, hat
man, fan

BOTTOM
cat
rat

can
van

Page 2
TOP
rat
bat
fat
sat
pat
mat

BOTTOM
1. sad
2. bad
3. dad
4. mad

Page 3
TOP
box, fox
mop, top

BOTTOM
hop
pop

hot
pot

Page 4
TOP
hen   pet
men   net
ten   jet

BOTTOM
red, pen
wet, leg

Page 5
TOP
get
set
vet
bet
let
met

BOTTOM
1. bell
2. tell
3. well
4. fell

Page 6
TOP
rug, jug
tub, cub

BOTTOM
cup
pup

bug
hug

Page 7
TOP
1. sit
2. fit
3. bit
4. hit

BOTTOM
pig, pin
lid, lip

Page 8
TOP
fit
sit
bit
hit
kit
pit

BOTTOM
1. hill
2. pill
3. Will
4. fill

Page 9
TOP
drop
drip

still
stall

BOTTOM
grill
drill

grip
trip

Page 10
TOP
cap   bill
cup   bell
cop   ball

BOTTOM
cl + ap = clap   cr + op = crop
tr + ap = trap   dr + op = drop
fl + ap = flap   fl + op = flop

Page 11
TOP
bug   man
bus   map
bun   mat

BOTTOM
bi + t = bit   di + d = did
bi +d = bid   di + g = dig
bi+ g = big   di + p = dip
bi+ b = bib

Page 12
TOP
fox, ax
six, box

BOTTOM
six
fix

wax
Max

Page 13
TOP
big, pig
dig
wig

BOTTOM
1. pig
2. big
3. big, pig, digs
4. wig
5. pig, wig

Page 14
TOP
bug, rug
mug
hug

BOTTOM
1. bug
2. rug
3. bug, mug
4. bug, hug
5. hug

Page 15
TOP
plump
stump

grump
clump

BOTTOM
1. jump
2. dump
3. bump
4. hump

Page 16
TOP
cramp
stamp

champ
tramp

BOTTOM
camp, ramp
lamp, damp

Page 17
TOP
best   vest
rest   test
nest   west

BOTTOM
1. fast
2. cast
3. last
4. blast

Page 18
TOP
and words   **end** words
band   bend
land   lend
hand   send

BOTTOM
spend
blend

stand
grand

Page 19
TOP LEFT
c + old = cold
f + old = fold
t + old = told

TOP RIGHT
w + ent = went
d + ent = dent
sp + ent = spent

BOTTOM
cold, bent
tent, hold

Page 20
TOP
king, swing
sing
ring

BOTTOM
1. king
2. king
3. swing
4. king, sing
5. king, ring

Page 21
TOP
ang words   **ank** words
sang   bank
bang   sank
rang   tank

BOTTOM LEFT
l + ong = long
s + ong = song
str + ong = strong

BOTTOM RIGHT
s + ung = sung
l + ung = lung
h + ung = hung

Page 22
TOP
tack, jack
lock, sock

BOTTOM
tr + ack = track
cl + ock = clock
OR: cl + ack = clack
bl + ock = block
OR: bl + ack = black
cr + ack = crack
OR: cr + ock = crock

Page 23
TOP
trick
brick

struck
truck

BOTTOM
1. duck
2. lick
3. suck
4. sick

Page 24
TOP
1. ship
2. shot
3. shop
4. shut

BOTTOM
sheep, shirt
shell, shark

Page 25
TOP
1. chin
2. chop
3. champ
4. chest

BOTTOM
chill, chimp
chalk, child

Page 26
TOP

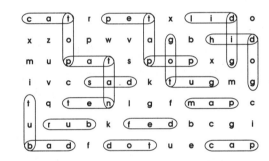

BOTTOM
Answers will vary.

Page 27
TOP
1. net
2. not
3. pot
4. pet
5. pen
6. ten

BOTTOM
1. bag
2. bat
3. fat
4. fit
5. hit
6. hat

Page 28
TOP

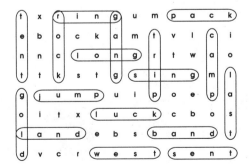

BOTTOM
Answers will vary.

Page 29
TOP
1. tent
2. test
3. pest
4. past
5. last
6. lost

BOTTOM
1. chop
2. chip
3. ship
4. slip
5. slid
6. sled

Page 30
TOP
1. a
2. an
3. and
4. sand
5. stand

BOTTOM
1. I
2. in
3. ink
4. sink
5. stink